멀어지는 것들에 대하여

그리운 것일수록
멀어지는 것은 아픈 것이다

동인지 참여 詩人
양상원 남상호 정경영
최선자 송운용 최유미

본 동인지에 실린 글은 모두 저작권이 보호됩니다.

멀어지는 것들에 대하여

문학동인지 【시가 있는 마을회관】

1. 교차로   4
2. 밤바다에서   5
3. 엄마와 사마귀   6
4. 고요한 슬픔   8
5. 석남사에 빛나는 별   9
6. 봄바람   10
7. 노송(老松)과 매미   11
8. 용문사에 잠든 얼굴   12
9. 회룡포에서   13
10. 부네치아에 비친 그리움   14
11. 칠암 등대   15
12. 낙조 분수   16
13. 감천 마을에 바람일 때면   17
14. 몰운대   18

여목
최유미

15. 주상절리 십자가   19

16. 내장산에서   20

17. 산처럼   21

18. 정읍 내장사 죽비소리   22

19. 그분의 사랑   23

20. 편지   24

여목
최유미

1. 뻥   28

2. 단골 이발관   29

3. 남자는 배, 여자는 항구   30

4. 갸우뚱   32

5. 위내시경   33

6. 사랑과 미움   34

7. 이 세상   35

8. 기원   36

9. 책임회피   37

10. 소꿉놀이   38

소해
송운용

1. 노년이 오면	42
2. 장마	43
3. 내 눈에 꽃*	44
4. 초록의 유혹	45
5. 아카시아 길을 걸으며	46
6. 당신이 잠든 사이	47
7. 5월, 기차 안에서	48
8. 쑥개떡	49
9. 탱자꽃*	50
10. 벚꽃 아래에서	51
11. 꽃에 대하여	52
12. 기다림의 미학	53
13. 봄날의 깜짝쇼	54
14. 봄에는 꽃을 사자	55
15. 2월	56

연담
최선자

1. 구름	59
2. 깻 돌밭	60

송치
정경영

3. 가을　　　　　　　　　　61

4. 봄을 부른다　　　　　　62

5. 산수유　　　　　　　　63

6. 꿈　　　　　　　　　　64　　송치
　　　　　　　　　　　　　　　정경영
7. 고운 임　　　　　　　　65

8. 우정(友情)　　　　　　 66

9. 오월의 들녘　　　　　　67

10. 옛 생각　　　　　　　 68

1. 주남지의 아침 장터　　　71

2. 연꽃 피던 날　　　　　　72

3. 해질 녘 강둑을 거닐며　 73

4. 별이 빛나는 밤에　　　　74　　진송
　　　　　　　　　　　　　　　남상호
5. 산에 사는 사람아　　　　75

6. 갈매기 사랑　　　　　　76

7. 달맞이꽃 사랑　　　　　77

8. 호박꽃　　　　　　　　78

1. 목어(木魚) 82

2. 봄 마중 날, 너에게 83

3. 기억의 유효기간 84

4. 가난한 시절 86

5. 봄술 한 잔 하세 88

6. 망둥이와 그 사람의 봄 89

7. 하얀 접시 90

8. 막걸리와 산나리꽃 91

9. 노망(老妄)* 92

10. 졸업식을 다녀오며 93

11. 멀어지는 것들에 대하여 94

범당
양상원

여목(餘木) 최유미

부산 출생

총 132편 발표

스위트음악학원장

□동인지 활동

「초록길 바람 따라」등단
「아홉 번째 약속」
「가을이 내게 손짓할 때」
「겨울안개 속으로」
「언제나 안녕」
「봄꽃 이별 즈음에」
「마음의 무게」
「비 오는 날 만나요」
「멀어지는 것들에 대하여」

문학동인지 <詩가 있는 마을회관> 정회원

詩를 몰랐을 때는
기도가 전부인 줄 알았다.

詩를 몰랐을 때는
연주가 전부인 줄 알았다.

詩를 쓰고 나서
나는 삶을 음미하기 시작했다.

1. 교차로
2. 밤바다에서
3. 엄마와 사마귀
4. 고요한 슬픔
5. 석남사에 빛나는 별
6. 봄바람
7. 노송(老松)과 매미
8. 용문사에 잠든 얼굴
9. 회룡포에서
10. 부네치아에 비친 그리움
11. 칠암 등대
12. 낙조 분수
13. 감천 마을에 바람일 때면
14. 몰운대
15. 주상절리 십자가
16. 내장산에서
17. 산처럼
18. 정읍 내장사 죽비소리
19. 그분의 사랑
20. 편지

1. 교차로 / 최유미

오라는 건지 말라는 건지
마음은 짐작하고 남았을 텐데
아직도 삼거리 교차로
아버지의 신호등은 여전히 노란 불이다

하얀 천장만 보이는 창백한 방
누구든 들어가면
신호등처럼 멈칫한다

시간 비켜 간 퍼즐 맞추듯
여전히 기나긴 행렬이
교차로를 가득 메운다

누굴 기다리시는지
초여름 야문 햇살에 그리움만 익었는지
존재를 저울질하는 빨간 신호등

언제 이름 불러줄지 가슴은 콩닥이고
서랍 속 분침 없는 시간만
마른 관솔 되어
소리 없이 진저리친다

2. 밤바다에서 / 최유미

눈 딱 감고 떠나고 싶을 때가 있다

하루 종일 멍하니 생각은 저편에 두고
겨우 몸만 본능적으로 사는 거
그만하고 싶을 때
바다를 본다는 건
피난처를 향한 마지막 노선이었다

세상에 속고
어리석은 나 자신에게 속으며
믿었던 하나님에게 도저히 이해받지 못하는
현실에 부딪치고서야
아야, 하고 가슴에 금이 간다

속까지 까만 사람의 민낯이 투영되어
바다는 그렇게 커피잔에 담긴 듯이
출렁거리고 있었다
마치 온기는 사라지고 겨울바람에 내몰린
내 찢어진 심장처럼

헤엄쳐 건너갈 수만 있다면
물고기 지느러미라도 될 수 있다면
물길에 몸을 던졌을 테지

너무나 쉽게 부스러지는
사람들의 약속, 거짓말
안개에 가려진 바다 속에 던져버렸다

바다는 말한다
딱 한 번만 눈 감으라고
딱 한 번만 마음을 적셔보라고

3. 엄마와 사마귀 / 최유미

서운함이 곳곳에 묻어있는
꼬마 가스나
작은 소용돌이가 일고 있었다

두 서넛 조각이 빠진
완성되지 않는 퍼즐처럼
유년 시절 먹구름만 가득했다

시골 여름날
손가락에 눌어붙은
사마귀 딱지

꼭꼭 찍어 없애버리고 싶어
피가 나도록 수셔대며
주문을 걸었다

엄마 없는 아이
꼼짝하지 않는 불청객으로
놀림당하는 거 보태기 싫어

헝겊으로 동여매고
내일이면 사라지기를
큰 별 보고 엄마 인양 기도했지

아플 만큼 아픈
여러 날을 넘기고
사마귀 사라지던 날

작은 가슴에
'휴' 하고
턱 하나 넘길 여유를 찾았다

보고픔은 뒤로 밀려나고
손가락 사마귀가
더 아팠나보다

4. 고요한 슬픔 / 최유미

흐린 날에 걸어오는
손님이 있다

임랑 바다를 건너
부서진 파도를 타고
안개를 벗 삼아
도시까지 스며오는 날

너 없음 안될 것 같은 감성

라디오에서 흘러나오는
옛 음악이 차곡차곡 반죽이 되어
이름 모를 빵으로
숙성된 이별을
실어 나르고 있다

5. 석남사에 빛나는 별 / 최유미

다보록한
가지산 숲 지나

속까지 투명한
그리움 스민 계곡

일제강점기
허망한 속세의 아픔을
열두 송이 연꽃으로 품은 반야교

아릿한 슬픔
보듬는 사리 보탑전
어느 갸륵한 손길이 여며 쌓았을까

민머리 아씨 스님
모시 승복 주머니에
향기 그윽하게 느리우는데

누군가
잃어버린 꿈
모아 두셨겠지

법당에 서리서리
스며드는 기도 소리

삼층 석탑 위로
별 되어 흘러내린다.

6. 봄바람 / 최유미

병산골 빠져나가는 길목마다
머리를 흩날리며
봄바람이 춤을 춘다

봄 편지 쓰려고
가장 먼저 일어난 버들강아지
눈을 들어 말없이 웃고

꽃촌에 아낙네들
왁자지껄 봄을 퍼올리며
누군가의 햇살로 살아갈
봄의 교향곡

그늘로 남아있는
잃어버린 시간
살랑살랑 씻어내듯

시연의 사랑나무에는
꽃순이 퍼득인다

7. 노송(老松)과 매미 / 최유미

백 년 할비 품에
잠시 쉬어 갈
그늘막으로

오랜 기다림 끝
고작 보름 노래하다 그칠
너의 짧은 생을 기다렸으니

흙냄새 풀풀한 남루한 내 삶에
다시 밀어닥칠 절정의 사랑으로
백발 휘늘어뜨리며 가슴 졸인다

내게 왔던 네 짧은 시간
너에겐 전부였던 애절한 사랑이기에
내 어찌 붉은 순정을 걸지 않으리

잠시 내 어깨에 쉬다
허망한 허물만 남긴 채 떠난
너의 쓸쓸한 울음터

내 너를 사랑했기에
찾아오기 전에 널 찾아
지팡이 짚고 먼 길 나선다

8. 용문사에 잠든 얼굴 / 최유미

고운 산자락 끌어안고 곤히 쉬는 용문사
실핏줄처럼 퍼져가는 산골바람이
거칠었던 혈육의 영혼을 위로한다

마지막 만남이 되어버린 그밤
아버지 손 잡고 걸었던 그 발자국에는
신열을 앓은 흔적이 화인처럼 새겨졌다

산사에 잠겨 있는 주홍색의 달이
떠나간 혈육의 인력에
밤새 출렁이며 괴로워했다

유년의 풍경 속
댕기머리 여자아이의 손에 들린 염주 팔지
엄마 머리카락 한 웅큼은
대장전 윤장대 속으로 사라져갔다

끝내 잊지 못했을까
돌아선 초로(初老)의 등짝에
모정을 잃은 쓸쓸함이 물결쳤다

보광명전 약사불과 마주 앉아
해운루를 바라보며
참선하듯 무릎 꿇은 것은

꽃창살 무늬 속에
스며있는 딸의 기도 소리
백색의 향기 되어 고웁게 전해지기 위함이다

9. 회룡포에서 / 최유미

옹기 얼굴 찾아
황금 들녘 가을
살포시 눈에 담고
용포마을 가는 길

속세에 마음 둘 곳 없어
오솔길에 몸을 맡기며 가다 보니
지율 스님 지켜낸 내성천 사이로
무릎 꿇은 소나무 숨을 가다듬고 있다

누구를 찾아야 하는지
어디를 가야만 하는지
씨 뿌리지 못한 세상에서
나도 무릎 꿇은 적 있었지

엄마 보고플 때마다
저고리 묻은 내음 길게 물고와
까만 하늘에 별도 내 것
구름도 엄마 품속이라며 달래며 가는 길

동그랗게 휘감은
심연의 젖줄 흐르는 회룡포에 가면
엄마 바람 하늘길 따라 불어와
옷깃을 쓰다듬는다

10. 부네치아에 비친 그리움 / 최유미

바다에 쏟아진 별들
스멀스멀 뭍으로 기어올라
형형색색 하늘로 뿌려진 미항
부네치아

운하를 물들인 빛의 향연은
지나온 무거운 삶의 여정에 대한 기억에
연민의 눈길을 던진다

먼바다 파도에 기대어
포구에 머무는 철 지난 그리움
피어오르는 무채색 운무의 향기 사이로

언뜻 내비치는
주름진 얼굴이
정박한 어선 안테나를 서성인다

해맑은 손녀딸 두 팔 벌려 끌어안는
할아버지 휘파람 뱃노래는
귓가에 아직도 쟁쟁한데

만고풍상(萬古風霜) 세월 너울 넘어간
그리운 님 손 닿을 듯 일렁이니
저린 가슴은 파도 되어 물결친다

가슴 긴 바닷길 돌아
그 손길 다시 닿을 수만 있다면
공작의 날개처럼
빛 고운 부채춤으로 다가가고 싶다

11. 칠암 등대 / 최유미

밤바다에 불 켜지면
만선에 신열 앓는 어부
귓전에 파도 소리 오롯하다

소금 소리 잔잔해지면
희끗한 거품 도닥도닥 안고
아이 재우듯
팔베개를 태운다

시퍼렇게 솟구치는 교만
덮치는 공허함도
바닷물에 살피시 머리 눕힌다

칠암 바다 치마폭으로 숨어
빼꼼 눈을 드니
어느새 바다에 오색 단풍

12. 낙조 분수 / 최유미

갯내음 물씬한
어울렁거리는 파도를 돌아

소금 내음 번지는
맑은 다대포
낯선 발길 잠시 머문다

솟대 끝에 멍울진 그리움은
낙조 분수로 환생하고

언약 어린 물꽃 향유
바닷길에 드문드문 솟아오르니

그대 떠난 빈 하늘 내다보고자
해송의 애틋한 몸짓도
몰운대 노을 꽃구름으로 내려앉아

먼 곳 바람의 소식으로 다가오는
고달픈 노후의 상심 가득한 기별
전신주 끝마다 아스라이 걸어놓고

마른 가슴에 소나비 적시는
쪽빛 온누리 활짝 열어줄
하늘길 기없이 바라보며

낙조 달빛에 빚진
어둠 속 나그네의 여수
아득한 가슴 절절 끓인다

13 감천 마을에 바람일 때면 / 최유미

산복도로 안쪽
더 높은 천마산 중턱까지
바람이 스쳐간 자리에
피난민들의 노래가 들린다

6.25 하늘가
누가 판잣집
저리 흐드러지게 쏟아 놓았나

행주치마 졸라매고
보리떡, 감자 털털이로
주린 배 움켜쥐며 비탈길 오르내리며

공동묘지 비석 뽑아
집 초석 일군 대견한 삶

철 지난 기다림도
녹슨 그리움도
다시는 마주하고 싶지 않은
피난 열차에 실어 보내고

결코 잊혀질 것 같지 않던
그날의 하늘 아래는

천국의 별들이
매일 봄날처럼
집집마다 꽃을 피우고 있다

14. 몰운대 / 최유미

하구와 바다가 서로 붙안고 스며드는
고즈넉한 구름 속 포구를 걸으며
안개 속에 스미는 바람에 지친 영혼을 헹군다

모래밭에 북적이는
발자국에 신열을 앓고 있는
여름 문턱의 밤바다

바다 품은 주홍 달에
물너울 춤추는 별
여린 안개가 시샘하듯 장막을 친다

함께 손잡고 걸었던
아버지와의 마지막 기억
몽글몽글 피어오르고

어머니 머리카락 한 줌
종이배에 실어 흘려보낸 유년이
해무 속에서 반짝이고 있다

뒤엉키는 상념에 붉어지는 가슴 다독이고
낙조분수 일몰을 바라보며
서러웠던 기억을 바다에 잠재운다

고우니 생태길
노을과 마주 앉아
서걱이는 갈대 연무를 바라보며

두 손을 모으는 것은
하얗게 피어오르는 파도에
신산한 삶의 갈피 띄워 보내기 위함이다

15. 주상절리 십자가 / 최유미

펼쳐 누운 육각 기둥
사이사이 배어 나오는 푸른 피

손바닥 찢기는 아픔은
양남 바다에 긴 신음으로 풀어진다

엘리 엘리 라마 사박다니

가는 해조음 따라
영혼 일으키는 구원의 소리

십자가 포개진 바다 속 언덕
저 파도 다 모으면 거룩한 그 맘일까

꽃처럼 펼쳐 누운 기둥 사이
그대 음성은 차라리 눈물겨워 슬퍼라

칠흑의 이틀 밤이 지나가고
새날이 동해를 찬란하게 물들이면

붉은 바다에서 환하게 웃고 계신
내 눈물의 검은 십자가여

16. 내장산에서 / 최유미

걸어도 걸어도 끝이 보이지 않는 길이 있다
오솔길 고즈넉하게 걷다 단풍을 만나고
고요 속에 참선하는 서래봉에 닿는다

저 아래 세상은 초록을 가만두지 않아
미움이 병이 될까 내장산 품속에 든다
능금보다 붉은 마음 아낌없이 쏟아내는
산과 산 그리고 山

사람 사는 거 별 거 있나
모두 하늘의 별이라도 딸 것처럼 살지만
그중에 몇이나 한평생 웃으며 살까

짙푸름 서서히 잠식시키는 열꽃들
고춧가루 확 뿌린 콩나물국에
계절을 태우는 아픔으로
가을은 산을 하나하나 읽어 내려간다

사람살이에도 찬 바람 부는 때가 있지
한없이 기울어진 산맥 사이에서 여백 없이 살았던
허리 굽은 노송들의 굵은 울음소리
참선 도량에 눈물이 멈칫한다

기우는 날빛 산 위로
노란 별, 붉은 별, 별의 별이 우수수 떨어진다.
마음 한 켠 붙어있던 시름의 별
가을 길동무에게 슬며시 내어준다

17. 산처럼 / 최유미

설악산 정상에 나무가 있다
나무가 되어라
우리가 나무가 되어 서 있으면
나무는 우리 곁에 서 있다

한라산 능선마다 숲이 있다
숲이 되어라
내가 숲이 되어 있으면
너도 숲이 되어 어우러진다

우리 사는 동네마다
눈만 뜨면 작은 산이 우리를 본다
풀꽃과 나무가 숲이 되어 안부를 전한다

천년역사 지켜온 관음보살 가야산처럼
청솔가지 휘어진 부석사의 소백산처럼
느릿느릿 걸어간 장안사의 불광산처럼
옹기종기 들꽃이 피어있는 치악산처럼

가지런한 오죽이 고요하던 조계산처럼
비봉폭포 계곡을 자랑하는 금강산처럼
울긋불긋 단풍을 선물하던 내장산처럼
현대사를 지켜본 천왕봉의 지리산처럼

우리도 산처럼만 살 수 있다면

18. 정읍 내장사 죽비소리 / 최유미

동해 깊은 바다 부귀영화 누리다
용왕 노여움으로 내쳐 쫓겨난 수룡 아홉 마리
내장사로 숨어들어
뱀 머리 껍질 없는 거북 몸으로
천년 도량을 누비고 다닌다

풍경소리 맑은 고요를 헤적이고
연두빛 신록이 가득한 가람에
먹을 게 무어 있다고
돌 틈에 수줍은 영산홍보다 붉은
꽃 대궐만 가슴에 한 채 짓고 있네

소싯적엔
큰 기침 하며 바다 누빈 양반 가문이었어도
당파 회오리를 뚫고 식솔 거느리고 온
유배살이

중생 시름 걱정 못 잊어
부처님 법음으로 하산하는 목탁소리
마음 언저리 티끌 생각 깨치는 죽비소리
마음에 파문 일으켜 수행이 된 것일까

부처님 고운 마음 동해바다까지 이르러
감화 감동한 용왕님
청정 수행 도량으로 수룡을 불어들인다

19. 그분의 사랑 /최유미

시커먼 늑대들이
어슬렁거린다

노아의 방주가 문을 닫고
홍수에 몸을 맡기는 그날
육지와 바다 경계에 별 하나
고독하게 눈을 감고 있다

멀리 비틀어진 나무 부스러기
골고다 언덕의 십자가 환상

밤바다 뚫고 빛으로 차오르는
차마 외면하지 못한 사랑
선한 몸부림의
어린 양 한량없나

20. 편지 / 최유미

간절곶 등대
우체통 앞에 선다

빨간 가슴 안에
눈물이 방울방울 고여있다

뜨겁게 꽂히는 태양을 피해
늦은 밤 바다 앞에 앉아
하늘 저편 엄마에게 편지를 띄운다

부치지 못한 사연
바람에 날아갈세라
오롯이 지켜주는 파수꾼

엄마가
왜 등대가 되었는지
알 것만 같다

거기서도
생전 모습 그대로
굳건하게 서 계신다

소해(笑海)송운용

경북 영주 출생

☐ 개인시집 출간
제1권 「그리하면 안될까요」 (2014)
제2권 「행복했던 순간」 (2016)

詩 동인지 총27권 발간에 참여

*시가 있는 마을회관

*수묵화 계절

*달과 허수아비

*초겨울의 연서

*그런 날이 있습니다

*꽃보다 먼저 온 봄

*봄날 소식이 없거든

*작달비

*그대가 사는 마음자리

*들국화 피는 언덕

*겨울안개 속으로

*언제나 안녕

*봄꽃 이별 즈음에

*마음의 무게

*그대에게 갑니다

*가을의 길

*시를 좋아하는 그대에게

*봄을 물으면 꽃이라 말하리

*그리움의 여정

*마음에 심은 나무

*봄으로 가는 열차

*비 오는 소리

*사색의 공존

*봄의 답장

*그 길에 들꽃이 있었네

*비 오는 날 만나요

*멀어지는 것들에 대하여

문학동인지 <詩가 있는 마을회관> 정희원

1. 뻥
2. 단골 이발관
3. 남자는 배, 여자는 항구
4. 갸우뚱
5. 위내시경
6. 사랑과 미움
7. 이 세상
8. 기원
9. 책임회피
10. 소꿉놀이

1. 뻥 / 송운용

여보, 종아리 좀 봐요
알통이 생겼어요

괜찮아,
미스코리아 나갈 거도
아니면서 뭘

그래도
여자 종아리에
알통은 흉하잖아요

괜찮아, 괜찮아
당신은 미스코리아
자격 충분한데
딱 한 가지
나이가 좀 많아서…

내 허풍과 뻥을
전혀 믿지 않으면서도
마냥 벙글벙글

아내랑 나는 건강을 위해
아침저녁 십 리 길을
걸어서 출퇴근 한다

2. 단골 이발관 / 송운용

내가 자주 가는
단골이발관

허름하고 작으며
나이든 이발사
혼자서 지키는 곳

벽에 돼지그림 액자는 없지만
낡은 TV가 '지직'거리고
한참을 기다려야 하지만
마음 편한 곳

화려한 건물들 틈에
오늘도 어제처럼
그리고 내일도 오늘처럼 있을
작은 이발관

3. 남자는 배, 여자는 항구 / 송운용

며칠 전 일이다

어둑어둑한 퇴근시간에 버스 승강장을 향해 가는데
마침 우리 집 방향의 버스가 오길래
갑자기 저걸 타야겠다는 생각에 버스를 향해 돌격

그런데 발이 무언가에 턱 걸리는가 싶더니
몇 초간 공중부양 후 땅바닥에 착륙하는데
별로 돌출하지도 않은 입이
땅에다 키스를 하지 않겠는가

순간 스치는 생각,
'앞니 왕창 나갔겠구나! 견적 엄청 나오겠구나'
혀끝으로 앞니를 점검해보니

천만다행 앞니는 건재하였는데
입안에 찝찔한 맛이 나길래 손수건으로 닦아 확인하니
입술과 입안에 상처가 난 것이 아닌가

그리곤 한참 동안 정신을 차리려고 멍하니 앉아 있는데
행인들은 가끔씩 지나가지만
일으켜주는 사람 하나도 없더라

가만히 생각하니
주정뱅이 영감이 술 취해서 저러는구나
그렇게들 생각하는 것 같았다
창피하기도 하고 해서 절룩거리며 일어나
다음 버스를 타고 귀가했다

마누라가 내 몰골을 보더니
'아이구, 영감 그 꼴이 뭐유?' 할 줄 알았는데
깔깔거리며 웃기만 하기에
거울을 보니 내가 봐도 우스웠다

입술은 멍이 들고 당나발
상의는 찢어지고 가관이었다

한참 후 이 마누라
"조심 좀 하시지 뛰긴 왜 뛰어요
당신이 이팔청춘인 줄 아시우?"
동정은커녕 바가지만 긁혔다

다음날 새벽에 일어나
욕실에서 발가벗고 재차 점검해보니 손바닥이 까지고
무릎팍도 푸르둥둥 멍이 들고 했지만
중상이 아닌 것 얼마나 다행인지 몰라

곰곰이 생각해보니 엎어지긴 쎄게 엎어졌는데
돌출한 배가 쿠션 역할을 해서 경상에 그친 것이다
"고맙다 배야"
비누칠을 하면서 한참동안 쓰다듬어 주었다

맨날 지청구만 당하는 나의 배가
결정적인 위험의 순간 나를 구한 것이다
고맙고 고마운 배

남자는 배, 여자는 항구
맞습니다 맞고요 하하…

4. 갸우뚱 / 송운용

마누라 가라사대

나의 최대 실수는
당신을 만난 것

당신의 최대 횡재는
나를 만난 것

5. 위내시경 / 송운용

들여다보시겠답니다
내 뱃속

저, 밥밖엔 먹은 거 없어요
검은 돈 먹은 적 없어요

아, 가끔 아주 가끔
술 쪼금 마신 건 있어요

6. 사랑과 미움 / 송운용

아무리 많아도 모자라는 것
사랑
아무리 적어도 넘치는 것
미움

후회된다

조금 더 사랑할 걸
조금 덜 미워할 걸

7. 이 세상 / 송운용

불행한 천당
행복한 지옥

8. 기원 / 송운용

세상 살자믄 맑은 날만 있으랴
세상 살자믄 흐린 날만 있으랴
햇살 비추려면 황금 햇살 비추시고
비 쏟으려면 기쁨의 눈물 폭우로 쏟으시고
벼락 치려면 돈벼락 내리소서
그리하여 그리하여
온천지에 피는 꽃
웃음꽃으로 피게 하소서

9. 책임회피 / 송운용

세상이 원망스럽다는 인간
나는 아무 짓도 안 했다는 세상

10. 소꿉놀이 / 송운용

마주 보기만하면
토닥토닥 다투고

시도 때도 없이
삐치고 토라지고
어른들 소꿉놀이

미안햐!
미안해용~
한마디에
금세 또 풀어지고

주름살 생기고
파뿌리 되어도
몇 십 년째 아직껏
소꿉놀이 계속 중

여보, 이제 그만 자자
오늘 소꿉놀이 끝

	연담(淵淡) 최선자
	전북 순창 출생
	「빛 고운 날의 풀향기」 동인지 등단 詩 480편 발표

詩 동인지 총30권 발간에 참여

- *빛 고운 날의 풀 향기
- *소호 문학
- *초록길 바람따라
- *아홉 번째 약속
- *가을이 내게 손짓 할 때
- *달과 허수아비
- *초겨울의 연서
- *그런 날이 있습니다
- *꽃보다 먼저 온 봄
- *봄날 소식이 없거든
- *작달비
- *그대가 사는 마음자리
- *들국화 피는 언덕
- *겨울안개 속으로
- *언제나 안녕

- *봄꽃 이별 즈음에
- *마음의 무게
- *그대에게 갑니다
- *가을의 길
- *시를 좋아하는 너에게
- *봄을 물으면 꽃이라 말하리
- *그리움의 여정
- *마음에 심은 나무
- *봄으로 가는 열차
- *비 오는 소리
- *사색의 공존
- *봄의 답장
- *그 길에 들꽃이 있었네
- *비 오는 날 만나요
- *멀어지는 것들에 대하여

문학동인지 <詩가 있는 마을회관> 정회원

1. 노년이 오면
2. 장마
3. 내 눈에 꽃*
4. 초록의 유혹
5. 아카시아 길을 걸으며
6. 당신이 잠든 사이
7. 5월, 기차 안에서
8. 쑥개떡
9. 탱자꽃*
10. 벚꽃 아래에서
11. 꽃에 대하여
12. 기다림의 미학
13. 봄날의 깜짝쇼
14. 봄에는 꽃을 사자
15. 2월

1. 노년이 오면 / 최선자

창밖의 새소리에 귀 기울이고
모든 풀 꽃들에게 인사를 할 거야

적은 돈을 가지고도
살아가는 법을 배우며

작은 것에 감사하고
없앰으로 가벼워질 거야

가슴 뛰게 하는 일들이
삶을 지배하게 하고

걸음을 자꾸 멈추어
자연에 깃든 표정들을 볼 거야

배고프면 밥 먹고
목마르면 물 마시고

본능에 충실하며
단순하게 살 거야

배려라는 울타리 속에
살아야 함을 늘 기억할 거야

2. 장마 / 최선자

양동이로 들이붓는 폭우에
우산이 무슨 소용 있으랴

속수무책으로 내리는 비에
젖지 않고 배길 재간이 있으랴

여느 집 앞뜰에
꽃들에게 씌워 놓은 우산을 본다

물을 싫어하는 꽃들이 안쓰러웠겠지
맹우(猛雨)에 시달리는 화초가 가여웠겠지

꽃보다 예쁜 마음을 읽고
지독한 장마가 시작되었다고 쓴다

3. 내 눈에 꽃 / 최선자

꽃에 영혼이 팔려
가던 길을 멈춘 적이 있다

너와 만나는 순간
행복이 비처럼 쏟아져

험난한 세상사
시름을 잊기도 했다

바빠 보니 알겠다
갑갑한 이유를 알겠다

제아무리
지천으로 피어도

내 눈에 피어야
비로소 꽃이다

4. 초록의 유혹 / 최선자

홀린 듯
마음을 뺏긴 듯

다리만 허락한다면
우주 끝까지 걷고 싶다

지천으로 핀 작은 들꽃
내 키만큼 웃자란 풀

어머니 품 같은
아름드리나무 그늘

자유로운 공기와
아치형 비밀의 숲

여름으로 가는 길목이
푸르디푸르디

5. 아카시아 길을 걸으며 / 최선자

푸르른 오월
매년 요맘때를 기다린다

연두 잎들 속에
눈부신 순백의 송이

주체하지 못해
뿜어져 나오는 향기

이른 저녁을 먹고
해거름 길을 걸으며

하루의 마무리는
저녁 산책인 양

살랑거리는 바람의 영접과
아카시아의 호사를 누린다

이 또한
길지 않음을 알기에

6. 당신이 잠든 사이 / 최선자

엄마
저녁에 닭볶음탕 해 주세요

주말 아침
아들의 집밥 메뉴 주문이 들어온다

아침에 해줄게
일주일간 밀린 숙제하듯

후다닥후다닥
냉장고를 털어 몇 가지를 더 준비한다

닭볶음탕 미소된장국 어묵볶음
김이 모락거리는 밥상을 차리며

아빠도 이제 일어나야지
주말이니 다 같이 모여 밥 먹지

식탁에 앉은 외마디 소리
와!

언제 이렇게 만들었어요?
닭볶음탕만 만든 줄 알았는데

7. 5월, 기차 안에서 / 최선자

하얀 그리움을 안고
오래간만에 상봉하여

조잘조잘 종종거리며
거리를 누비고 다녔다

플랫폼에서 나누는
아쉬운 작별 인사

피곤한 하루를 마감하며
차 속에선 눈 붙이고 가라는데

오월을 수놓는 푸르름에
눈을 감을 수가 없었다

바람은 살랑거리고,
계절은 연두에서 초록으로

하늘도
더없이 맑은 날

오가는 길에
찔레꽃이 흐드러졌더라

8. 쑥개떡 / 최선자

바람 찬 봄날
두렁에 쭈그리고 앉아
쑥을 캐고

쌀을 빻아
하나하나 손수 빚었을
투박한 개떡

한 입 베어 무니
눈을 감아도
알 수 있을 것 같은

향긋한 쑥향이
입안을 가득 메운다

미처 오물오물 씹기도 전에
목구멍으로 스르르 사라져버리는 떡을
누가 개떡이라 했을까

쫀득쫀득 맛이 일품인 떡을
개떡이라고 명명하는 것은
아니지 싶다

앞으로는
개떡 같은 세상이라
말하지 않으리라

9. 탱자꽃 / 최선자

가시에 포위된 채
시린 이 드러내며 웃고 있는 너

다가가면 바늘에 찔릴까
멀리멀리 외면하며 살았는데

너도 여린 마음 지닌
고운 꽃이었구나

바람에 흩어질 듯
하늘거리는 꽃잎

눈물방울 같은 꽃이
얇아서 더 서럽구나

지금은
화창한 봄날

가슴속 가시덤불 걷어내고
하얀 꽃밭을 일궈야 할 때

10. 벚꽃 아래에서 / 최선자

사뿐사뿐
가비얍게 가비얍게

비가 내려요
아니 아니 눈이 내려요

내려도 내려도
젖지도 쌓이지도 않아요

두 팔 벌려 맞으면
나비 되어 날아요

봄 속에 있는 당신
꽃 속에 있는 당신

떠나는
모습조차 아름다운

다섯 꽃잎
반짝반짝 별이 되어요

11. 꽃에 대하여 / 최선자

나는
목련꽃이
세상에서 제일 예뻐

너는 언제는
배롱꽃이 제일 예쁘다면서
자작나무도 좋아하고

그래 봄에는 목련
여름에는 배롱
자작은 초록 이파리와 하얀 수피가 예쁘지

그럼
사계절 피는 꽃은
뭐야?

음
일 년 동안
피는 꽃은 없는데

있어
사시사철 피는 꽃
내 친구 ㅇㅇ꽃이지

12. 기다림의 미학 / 최선자

청아하게 웃으며
내게 온 하얀 양란 화분

영원할 것 같던 꽃은
천명을 다하고

알뜰살뜰 키워도
푸른 잎만 몸집을 키웠다

얼마나 세월이 흘렀을까
꽃대가 아장아장 다시 나오고

꽃망울이 얼굴을
웃어 보이기까지

시간은 멈춘 듯
더디 갔다

어느 날 아침의
환한 인사

너
무지 보고 싶었다

13. 봄날의 깜짝쇼 / 최선자

어마나
통통한 꽃망울

어제만 해도
보이지 않더니

작은 꿀벌 한 마리가
다사스레 날아다닌다

뿜뿜
봄의 향기

겨우내 잠자던 분수대도
하늘 높이 물을 내뿜는다

팡팡
파파팡

하루 종일
봄날에 사로잡혀

가다 서다
가다 서다

아이쿠
언제 끝이 나려나

14. 봄에는 꽃을 사자 / 최선자

봄에는 꽃으로
세상을 환하게 열어보자

고요히 흐르는 일상에
새 숨을 불어넣고

잠자듯 고요한 가슴을
팔딱이게 하자

봄에는 꽃을 보며
부풀어 오르는 벅찬 희열과

산뜻하게 피어날
내일을 한껏 꿈꾸자

꽃으로 인생을
마구 향기롭게 하자

15. 2월 / 최선자

새로운 다짐으로
새해 첫 달을 보내고

겨울도 봄도 아닌 듯
애매한 달

고요히
겨울에게 인사를 하고

새봄을 맞느라
마음이 너울대는 달

따사로운 햇살에
꽃망울이 꿈틀대고

삼월로 향하는
발걸음이 급하기에

여느 달보다
분주하고 짧은 달

송치(松致) 정경영

전남 무안 출생

목가시인
(牧歌詩人)

□동인지 활동

「마음에 심은 나무」

「봄으로 가는 열차」

「비 오는 소리」

「사색의 공존」

「봄의 담장」

「그 길에 들꽃이 있었네」

「비 오는 날 만나요」

「멀어지는 것들에 대하여」 外

다수의 동인지에 시 발표

문학동인지 <詩가 있는 마을회관> 정희원

1. 구름
2. 깻 돌밭
3. 가을
4. 봄을 부른다
5. 산수유
6. 꿈
7. 고운 임
8. 우정(友情)
9. 오월의 들녘
10. 옛 생각

1. 구름 / 정경영

날개가 없어도
솜털처럼 가벼워
하늘을 마음껏
떠다니는 구름아

바람도 쉬어가는
산마루
억새꽃 날리는
거기 잠시 쉬어가렴

꽃바람이 오거든
함께 손잡고
행복을 꿈꾸는
예쁜 소녀에게

아름다운 사랑의
노래를 불러
바람에 구름이 가듯
함께 떠나라

행복 찾아 사랑 찾아
바람 가듯 구름 가듯
같이 날으자

2. 깻 돌밭 / 정경영

부딪치고 깨어지고
구르고 달아서
해변에 널부러진
몽돌의 무리

밀려오는 파도가
씻고 또 씻는다

깻돌 틈 사이로
흐르는 물소리
사랑의 밀어가 되어
여운을 남기고

정도리 깻돌 밭에
석양빛이 정겹다

3. 가을 / 정경영

가을은
창밖에 서성이고

밤새 내린 찬 이슬이
달맞이꽃 위에 맺힌다

뭉개 구름 사이로
파란 하늘이 높아지고

앞마당 대추는
햇살 받아 살오르고

내 마음은
구름 되어 하늘을 난다

4. 봄을 부른다 / 정경영

수평선 저 멀리에
올망졸망 어깨를 맞댄
크고 작은 섬들

연락선 뱃노래에
갈매기가 춤추며
파도를 부르고

남에서 불어오는
바람에는 갯내음과
꽃향기가 묻어난다

민들레 수선화
산수유 매화꽃
고고한 목련까지

움츠렸던 봄의 기운이
기지개를 켜는
대자연이 섭리인가

5. 산수유 / 정경영

햇살이 포근한
봄날 오후

샛노란 산수유 꽃송이
올망졸망 다정하다

아지랑이 아롱대는
동구 밖 언덕배기

훈풍이 너울대는 들판엔
푸르름이 짙어가고

민들레 노란 꽃은
햇살 보듬고 춤을 춘다

산수유 그늘 아래에서

6. 꿈 / 정경영

꿈을 먹고 사는 사랑이
이룰 수 없는 꿈이라면

허무한 인생의 여정이
슬프고 애처롭다

마음 둘 곳
어디인가

행복이 쌓이는
그곳에서 꿈을 심으리

어둠을 밝히는 빛처럼
다가온 너의 모습

오늘도 그대 생각에
꿈길 걷는다

7. 고운 임 / 정경영

끝 모를 파란 하늘
조각구름 배 하나

순풍으로 노 저어
보고 싶은 고운 임 찾아

달님에게 길을 묻고
별을 보고 길 찾아

산모퉁이 돌고 돌아
그리운 임 찾으러 간다

수줍어 숨었는가
부끄러워 숨었나
나의 고운 임

찾다가 찾다가
지친 내 마음

노을빛처럼 붉게
타들어 가네

8. 우정(友情) / 정경영

정으로 맺어진
끈끈한 우리의 우정이
빛바랜 추억의
사진처럼
퇴색되지 않기를

눈에서 멀어진 벗들은
마음도 함께 멀어지고
희미하지만

오랜만에 만나
맞잡은 두 손에
따스한 온기가
우리가 살아 있음을 느낀다

9. 오월의 들녘 / 정경영

찔레 향기 코끝에 머물고
올망졸망 아카시아꽃
벌 부르며 춤추고

붉은 장미는 수줍어
담장 뒤로 숨고
예쁜 웃음 향기로 날린다

처마 밑 집 새 단장 하고
전깃줄에 앉은 제비
재잘거림이 정겹다

일 년 중 가장 분주한 오월
떨어진 빗방울 동그라미 그리고
청개구리 울음만 들판에 가득

10. 옛 생각 / 정경영

철없던 그 시절
진달래꽃 흐드러진
개울가 산모퉁이

산들바람에 갈대들의 속삭임과
돌 틈 사이 사이로
헤엄치며 노니는 송사리 떼

버들강아지 물오르고
가재 잡던 그 시절

한가롭고 고즈넉한
추억의 그림자는
하루해가 저무는 고향 산천

굴뚝에 피어오르는
하얀 연기가 보고 싶다

진송(辰松) 남상호

경남 창원 출생

현대일렉트릭 근무

□동인지 활동
「그대가 사는 마음자리」 동인지 등단
「멀어지는 것들에 대하여」

문학동인지 <詩가 있는 마을회관> 정회원

1. 주남지의 아침 장터
2. 연꽃 피던 날
3. 해질 녘 강둑을 거닐며
4. 별이 빛나는 밤에
5. 산에 사는 사람아
6. 갈매기 사랑
7. 달맞이꽃 사랑
8. 호박꽃

1. 주남지의 아침 장터 / 남상호

노랑 할미새
기상나팔 소리에
잠에서 깬 저수지
자욱한 이불을 걷어내네

뱃사공 두루미 떼
노 젓는 소리
새들의 합창 화음 소리에
아침 장터의 시작

흰나비 노랑나비
꿀 향기 꽃가게
장바구니 꽃 속에 묻어
장보기 분주하네

노 젓는 소리 바람에 날리고
나룻배 뱃머리에 앉아
그대 생각에 시를 캐는 내 마음
그 누가 알리오

2. 연꽃 피던 날 / 남상호

진흙탕의 몸부림 속
아름다운 연화
온 세상 작가들 불러 모아
선보이던 날

꿀을 따는 벌들이
화장하고 지난 자리
연분홍의 얼굴이
더 예뻐 보이는구나

세상의 똑똑한 신랑감
다 뿌리치고 소박하고
착한 낭군 마음을 사로잡아
백년가약을 맺던 날

파란 하늘도
싱그러운 바람도
훨훨 날아다니던 나비도
활짝 웃으며 축하하더라

3. 해질 녘 강둑을 거닐며 / 남상호

노을이 머무는 자리에
그림 같은 조각구름이
주남저수지에 빠져 버리면

천년의 빛을 받아내는
백월산도
한 폭의 수채화 되네

물 위에 떠 있는 연꽃
한 점 남은 석양빛 따라
눈 맞춤 할 때

지워지는 저녁노을
멀리 손 흔들며
조용히 내려앉네

4. 별이 빛나는 밤에 / 남상호

귀뚜라미 짝을 찾는
사랑의 세레나데에
살랑살랑 춤추는 들풀들

호숫가에 비친 달그림자
손 내밀어 잡아보지만
잡힐 듯 말 듯 숨바꼭질만 하네

DJ가 들려주는 음악에 맞춰
누애가 실을 토해내듯
이어지는 지난 추억들

깊어져 가는
밤하늘 별을 세며
그대와 함께 떠나는 음악 여행

5. 산에 사는 사람아 / 남상호

산에 사는 사람아
물소리 새소리가 그리워 왔더냐
아름다운 시절이 그리워 왔더냐

세상에 눈물 없는 이가 어디 있더냐
밤마다 촛불도 중생의 마음을 읽으려
조용히 눈물을 흘린단다

그리운 얼굴 근심 걱정
들꽃 향기에 입맞춤하며
아궁이에 활활 태워버려라

산에 사는 사람아
물소리 새소리에 꽃향기
가슴에 가득 담아 인연을 날려버려라

그것이
아름다운 부처가 되는 길이노라

6. 갈매기 사랑 / 남상호

한진 항 뱃길
밤새워 철썩이며 울던 파도
바람의 집이던가

먼동이 트면 새벽안개 달아나고
푸른 물결 하얀 얼굴
한진포구 어루만지네

배고픈 갈매기
새우깡을 낚아챌 때
잠시 마음을 주고받았듯

지난날
사랑하고 사랑받은 기억들도
저 파도에 묻혀 떠나갈 테지

7. 달맞이꽃 사랑 / 남상호

보고 싶은 엄마에게
은하수를 세던 달맞이꽃
강둑에 서서 엄마 달을
불러봅니다

엄마 제일 이쁜 꽃이 누구니
엄마 닮은 예쁜 딸 달맞이꽃이지
달님은 활짝 웃는 얼굴로
아름다운 빛을 딸에게 보낸다

미소 짓는 둥근달
바람결에 살랑살랑 춤추는 달맞이꽃
은하수 빛 춤추는 밤하늘에서
사랑을 속삭이네

깊어만 가는 한 여름밤의
달맞이꽃의 그리움
아름다운 사랑 이야기에
춤추는 은하수 빛

8. 호박꽃 / 남상호

8월의 뙤약볕에
펑퍼짐하다 하여
꽃이 아니랍니까

허름한 초가집 모퉁이에
사는 것도 서러운데
호박같이 못생겼다니요

웃음에 가시 숨긴 장미보다
여기저기 정겹게 핀 우리의 모습이
순박해서 더 예쁘답니다

	범당(梵堂) 양상원
	전남 곡성 출생
	「풍차 돌리는 정치마을」 풍자유머 「하얀 들꽃」 중편소설 출간 詩 538편 발표

詩 동인지 총35권 발간에 참여

- *시가 있는 마을회관
- *시인의 계절
- *포도주를 나르는 붉은 낙타들
- *수묵화 계절
- *하늘섬 바람나무
- *빛 고운 날의 풀 향기
- *소호 문학
- *초록길 바람따라
- *아홉 번째 약속
- *가을이 내게 손짓 할 때
- *달과 허수아비
- *초겨울의 연서
- *그런 날이 있습니다
- *꽃보다 먼저 온 봄
- *봄날 소식이 없거든
- *작달비
- *그대가 사는 마음자리
- *들국화 피는 언덕

- *겨울안개 속으로
- *언제나 안녕
- *봄꽃 이별 즈음에
- *마음의 무게
- *그대에게 갑니다
- *가을의 길
- *시를 좋아하는 그대에게
- *봄을 물으면 꽃이라 말하리
- *그리움의 여정
- *마음에 심은 나무
- *봄으로 가는 열차
- *비 오는 소리
- *사색의 공존
- *봄의 답장
- *그 길에 들꽃이 있었네
- *비 오는 날 만나요
- *멀어지는 것들에 대하여

문학동인지 <詩가 있는 마을회관> 정회원

1. 목어(木魚)
2. 봄 마중 날, 너에게
3. 기억의 유효기간
4. 가난한 시절
5. 봄술 한 잔 하세
6. 망둥이와 그 사람의 봄
7. 하얀 접시
8. 막걸리와 산나리꽃
9. 노망(老妄)*
10. 졸업식을 다녀오며
11. 멀어지는 것들에 대하여

1. 목어(木魚) / 양상원

먼바다에서
파도와 부딪히던 명태는
흰 천을 감은 채
생선집 천정에서 대롱거릴 때

깊은 숲에서
별을 노래하던 소나무는
깎이고 깎인 채
공계(空界)에 걸린 고기가 되었다

기와 밑에 바람길 열린 날은
파드닥 파드닥
휘파람 소리를 내며
홀로 천해(天海)를 나는 날

새벽을 깨우는 젊은 스님이
본 적 없는 수생(水生)에게
달그락 달그락
영생의 해탈을 전하라 하면

숨을 얻은 바다를 향해
터진 배를 움켜쥐고
파드닥 파드닥
우주를 깨우고 있다

2. 봄 마중 날, 너에게 / 양상원

봄일까
낮게 등 굽었던 햇살이
허리를 펴기 시작했다

겨우내 이중 창에 갇혀
뜸물 몇 모금으로 버틴 화분도
푸석한 가지에 새싹을 올린다

봄이다
문을 활짝 열고
베란다에 너를 내놓으니

바람결에 피는 구름도 보고
행복했던 추억들도 들춰보며
새 세상을 느껴보라

내 걱정은 하지 마

날마다 오가는 길에서
봄을 배달해 줄 테니
네가 봄이면 나도 봄이야

3. 기억의 유효기간 / 양상원

봄 햇살에 걸린 빨래를
멍하니 보다가
발에 걸린 체중계에 몸을 올려본다

걸어야겠다
어제는 육체에게 준 휴식이
영혼에겐 마른 결핍이었다

기억

삶의 모든 궤적들은
홀로 선 미로에서 희미해지다가
육체의 종말로 소멸되고

공유하던 추억들은
남은 자들의 심장에서
수명을 연장하는 것이다

그토록 팽팽하게
펼쳐지던 영혼의 경계도
세월 따라 육신에 갇히게 되면

마음의 문은
퇴색한 채 뒤틀리고
열쇠마저 녹슬고 마는 것이다

그리움

오늘 나는 개울가에서
물새와 봄바람에 맞춰
영혼의 단맛을 느끼기 위해

걸어야겠다
지금껏 살아온 궤적이
오래오래 지워지지 말라고

4. 가난한 시절 / 양상원

아기 염소는 뿔이 없었다
부족한 어미젖을 빨 때
배고프다며 머리를 치대도
잠시 아플 뿐 피나지 않았다

아기 염소는 뿔이 없었다
말뚝에 묶여 풀 뜯는 어미 곁에서
아기 염소들 머리 부딪혀 싸워도
서로 상처 주지 않았다

뿔이 조금씩 나기 시작했다
풀을 뜯던 새끼 염소
달려와 마른 젖을 치댈 때
어미도 아프다며 말뚝을 뱅뱅 돌았다

그래 많이 먹어라
너희들도 뉘 집에 팔려가면
말뚝에 묶여 어미젖을 잊을 텐데
그래그래 많이 먹어라

들판에 봄이 지나고
자라던 뿔은 굽은 채 멈췄다
어느 집 말뚝을 차지한 아기 염소는
헛청에서 종종 '맴맴' 울었다

♣ '가난한 시절' 詩(시) 해석

*'뿔이 없다'는 의미:
　　스스로를 보호할 아무 것도 없는 시기..
　　순진무구하기에 어떤 말도
　　가족에게 상처가 되지 않는 시기..

*''뿍이 나기 시작한다'는 의미:
　　세상을 일아기고,
　　자기를 보호할 수 힘과
　　자기주장, 가치관이 생기고,
　　뱉는 말이 가족에게 상처를 되는 시기

*'말뚝'의 의미:
　　삶의 묶였다는 의미
　　운명을 벗어날 수 없다는 의미
　　그래서 가난이 더 힘들었던 시절..

- 이 세 가지를 깊게 음미하면 어떨까 싶어
　사족을 답니다.(국어 시간도 아닌데~)

*모녀지간의 정을 빗대어...
*가난한 어미와 순진무구한 딸(1연2연)
　　점차 자라는 딸(3연 1행, 3연 3행의 의미)
　　더 주고 싶은 어미의 안타까운 마음(4연)
　　마지막 5연 시집간 후 딸... 등등

♣이런 마음을 복합적으로 옮기고자 하였습니다.
　시가 어렵다는 분을 위해
　이해를 돕고자 蛇足(사족)을 답니다.

5. 봄술 한 잔 하세 / 양상원

정원에 목련이 다소곳이 피고
개나리도 옹기종기 노래할 적에
탁한 막걸리 향에 홀로 배부른 주전자

비우면 꽃으로 채우고
마시면 봄으로 채우다가
그리우면 마음으로 채우니

달빛에 영근 벚꽃 터진다고
홀로 실없이 웃다가 문득
축축한 옥구슬도 떨어지는 것이지

그대여
이유는 묻지 말게
봄이라 그런 것이니

6. 망둥이와 그 사람의 봄 / 양상원

들녘의 작물들은
봄 가뭄에 단비 그리워
시시때때로 아우성인데

갯벌에 망둥이
날마다 밀물에 노닐고
썰물에 숨 고른다고 부러 마라

물길 여는 축축한 뻘에
오늘도 호미 든 노파는 갯벌을 휘젓고
괭이갈매기는 다이빙으로 쪼아대니

벗님이 소리 내어 술 한 잔 청해도
그저 봄빛이 곱다며
집에 앉아 하늘만 바라보더라

7. 하얀 접시 / 양상원

썩은 잎으로 나무 키우는 흙이 싫어
도예공의 손과 발에 짓이겨져도
돌림판에서 어지럽게 취해 돌아도
붉은 가마 속에서 태생의 흔적을 지워
나는 빛나는 접시가 되었다

네 식구 사는 집에
윤기 있는 몸으로 화장을 하고
고기반찬에 나물을 듬뿍 담아
때마다 젓가락 소리를 들어도
정갈한 식탁 위가 좋았다

그 사람의 사랑은 접시이었다

쨍그랑 깨지고 나면
누군가를 베는 파편은 될 수 있어도
다시 흙으로 되돌아가
꽃과 나무를 키울 수 없는
하얀 접시였다

8. 막걸리와 산나리꽃 / 양상원

그 사람이 그리운 날은
저벅거리는 장맛비 밟아가며
재래시장 전집에 찾아가는 것이지

더위 품은 빗줄기 기락에
지글지글 빈대떡이 창을 하면
막걸리 두어 잔에 하루를 씻는 것이지

젊어서는 값싼 청춘에 서글프고
나이 드니 정에 굶주려 허하던가
그 빈속 채우고 터벅터벅 돌아오는 길

벌 나비
어느 둥지에 숨었긴래
산나리꽃 홀로 젖은 손 흔드나

9. 노망(老妄) / 양상원

풀어지는 것이다
나를 묶었던 기억을 자르고
훌훌 날아오를 준비를 하는 것이다

가벼워지는 것이다
보는 눈도 말하는 입도
깃털처럼 바람 따라 가는 것이다

가끔 번지 없는 기억들이
쨍그랑 부서진 채 되돌아와
여기저기 파편처럼 흩어지고

서러워 슬피 울며
나를 감싼 네 모습에
소나기처럼 흙냄새가 나지만

이승의 얼굴로
저승의 그림자를 데려와
길을 잃은 채 몸부림치는 것이다

10. 졸업식을 다녀오며 / 양상원

유치원 때부터
초중고를 거쳐 대학교까지
다섯 번의 졸업식에
늘 함께 해서 좋았단다

이미 날짜를 알고 있었지만
오라는 기별을 기다리다가
전날부터 마음만 분주해
꽃집에 들렀단다

노랑 장미도 좋고
튤립도 카네이션도 좋아요
아이가 꽃보다 예쁘니
풍성하게 만들어주세요

차가 막히면 어떤가
길이 막히면 어떤가
잘 자라 이렇게 기념사진
한 컷 찍으면 그만이지

먼 훗날 우리 떠나고
너의 아이의 아이가 자랐을 때
기억에서 기억으로 이어지는
너의 추억거리면 된 것이지

예쁘게 자라줘서
함께 할 수 있어서
우리 딸!
고맙다! 그저 고맙다!

11. 멀어지는 것들에 대하여 / 양상원

희미해진다는 것은
조금씩 멀어지는 것이다

먼지 나는 신작로에
통통거리던 경운기 소리는
어느 들녘 즈음에서 잠이 들었고

세월이 지나간 자리엔
땀으로 씻어낸 자국들이 닳아
화석 같은 주름이 되어가고 있다

그리운 것일수록
멀어지는 것은 아픈 것이다

뒤꼍의 감꽃 떨어지던 그늘
된장 냄새 몽실거리는 장독대마다
쏟아지는 햇살을 받고 서 있는 그림자들

앞마당 돌담 아래 채송화 봉숭아
외양간에서 되새김질하던 소가 이따금씩
옆집 소에게 안부 전하던 음매 소리

마음 두고 온 자리에 매달린 한숨이
새벽녘 들꽃의 이슬로 영글다가
지나가는 염소 발자국에 떨어진다

봄이 지나간 자리마다
조금씩 내가 멀어져 온 것처럼
누군가 나에게서 멀어진다는 것은

우리를 따라다니던 무수한 마음들이
여기저기 방울방울 떨어질 때마다
멀리서 반짝이는 반딧불이 되는 것이다

멀어지는 것들에 대하여

발 행	2023년 8월 15일
저 자	양상원 남상호 정경영 최선자 송운용 최유미
발 행 인	양상원
발 행 처	시가 있는 마을회관
출 판 사	대한법률학원 / 02-2068-3488
출판사업국 :	서울시 영등포구 경인로 727 종도빌딩 3층

인지생략

본서의 작품들은 지적재산권이 보호됩니다.

정가 11,000원